Katja Reider

Geschichten vom Rennfahrer Mick

Illustrationen von Irmgard Paule

www.leseleiter.de

ISBN 978-3-7855-7195-8
1. Auflage 2011
© 2011 Loewe Verlag GmbH, Bindlach
Umschlagillustration: Irmgard Paule
Reihenlogo: Angelika Stubner
Printed in Italy (011)

www.loewe-verlag.de

Inhalt

Rocky Rasant 8

Ein gefährlicher Gegner 16

Überraschendes Geständnis . . 24

Glückstag für Jonas 32

Rocky Rasant

Mick weiß schon als kleiner ,
was er mal werden will: Nicht ,
nicht  und auch nicht !
Nein, Mick will  werden: Zuerst
fährt Mick einen  mit , später
einen  mit . Bald ist Mick
schneller als alle anderen .

Schließlich ist er alt genug und es ist so weit: Mick wird ein richtiger !

Heute fährt er sein allererstes großes . Es sind schon sehr viele da. Wenn Mick nur nicht so aufgeregt wäre!

Der kleine rennt ständig zur , seine sind weich wie und seine zittern. Wie soll er denn so das halten? Oje …! Mutlos lässt der kleine den hängen.

Da steht plötzlich ein  neben

ihm. „Ist das dein erstes hier?",

fragt er. „Ja!" Der kleine nickt

betreten. „Und in meinem

tanzen tausend auf und ab!"

„Das ist ganz normal", lächelt der .

„Wenn du gleich in deinem  sitzt, bist du so ruhig wie ein 👶 bei seiner !" „Wirklich?", fragt der kleine 🏎️ zweifelnd.

„Versprochen!", lächelt der

und nimmt seine ab. Der

kleine macht große :

„D-d-du bi-bi-bist ja Rocky Rasant!

Der beste der !"

„Ich drücke dir die ", lacht

Rocky. „Du schaffst das!"

„Danke!", stammelt der kleine .

Plötzlich fühlt er sich leicht wie

eine .

Er springt auf, strafft seine und geht stolz zu seinem  : Der berühmte Rocky Rasant hält ihm die ! Was soll da noch schiefgehen ...?

Ein gefährlicher Gegner

Der kleine 🧍 ist heute schnell wie ein ⚡! Ja, Mick überholt einen 🏎 nach dem anderen! Jetzt liegt er fast an der ⋀! Nur ein einziger 🧍 ist noch vor ihm: Karlo Karacho! Aber der kleine 🧍 ist Karlo dicht auf den 🦶.

In der nächsten will Mick

Karlos überholen. Aber Karlo

lässt den kleinen nicht vorbei!

Immer wieder setzt er sich direkt

vor Micks ! Dabei ist das

verboten!

Der kleine schnaubt: Na, warte!

Aber was ist das? Micks  schleudert ja hin und her! Der kleine erschrickt: Ein hat sich gelockert!

Mick muss das  sofort abbrechen. Dabei schien der schon ganz nah! So ein ! Jetzt hat Karlo Karacho den gewonnen.

Der kleine  grübelt: Wie konnte

sich der ⬤ an seinem 🏎 lösen?

Da sagt ein 🧍: „Kurz vor dem 🏎

habe ich einen 🚶 an deinem 🏎

gesehen! Er trug einen 🪖, daher

konnte ich sein 👤 nicht erkennen.

Vielleicht hat dieser eine  am  gelöst?" Der kleine  springt auf. „Das wissen wir gleich! Hier hängt doch eine !"

Tatsächlich: Der zeigt deutlich,

wie sich der mit dem

an Micks heranschleicht.

Er sieht aus wie ein .

„Das ist ja Karlo Karacho!", ruft der

kleine 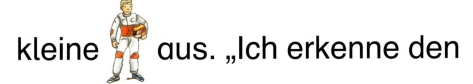 aus. „Ich erkenne den

eckigen  auf seiner !"

Damit ist Karlo Karacho überführt.

Und den  bekommt jetzt der

kleine 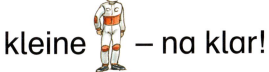 – na klar!

Überraschendes Geständnis

Nanu, was ist denn da los? Heute flitzt der kleine 🧑‍🚀 ja nicht mit seinem 🏎️ herum, sondern mit einem 🧹! Danach poliert Mick all seine 🏆. Gleich kommt eine 👩 von einer 📰! Sie will über den kleinen 🧑‍🚀 schreiben.

Mick schaut in den : Sitzen seine ? Ja! Hat er etwa einen kleinen auf der ? Nein!

Ups, jetzt hätte Mick fast vergessen, die  auf den zu stellen!

Da ertönt schon die ! Mick öffnet die . Die von der heißt Viola und sie duftet nach …!

Zuerst macht Viola ein und bewundert Micks .

Dann will sie wissen, wie er ein so guter 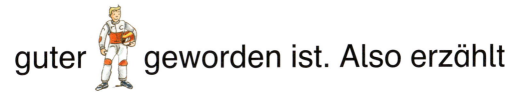 geworden ist. Also erzählt Mick von seinem ersten , von seinem ersten und wie es danach weiterging.

Die  von der schreibt

fleißig mit. Plötzlich blickt sie auf

ihre : „Oje, schon so spät!

Können Sie mich mit dem

zum fahren? Sonst verpasse

ich meinen !"

Der kleine wird rot wie eine

und erklärt: „Ich habe kein und

darf auf den normalen gar

nicht fahren. Ich habe nämlich

keinen !"

Viola macht große 👀: „Wie? Wirklich?" Der kleine  nickt betreten. „Immer wenn ich den machen wollte, war ein  und … ich kann nicht gut einparken. Schreiben Sie das auch in Ihrer ?"

Viola schüttelt den . „Ich bin

stumm wie ein – versprochen!"

„Danke!", strahlt der kleine .

„Dann fahre ich Sie jetzt zum  –

ich bin nämlich auch mit dem

sehr schnell!"

Glückstag für Jonas

Der kleine 👤 freut sich: Heute muss er nicht trainieren! Stattdessen trifft Mick einen 👦, der ganz toll 🏎 fährt. Der 👦 heißt Jonas und hat ein wichtiges 🏎 gewonnen. Deshalb lernt er heute einen echten 👤 kennen: Mick!

Jonas 👁 👁 strahlen, als Mick ihm

die ✋ gibt – die ✋ eines 🧑‍🚀 …!

„Hallo, Jonas!", lächelt Mick.

„Schön, dass du da bist! Willst du

meinen  sehen?" Na klar!

Der wird gerade gewartet.

Udo, der , hat den kontrolliert und die . Jetzt zeigt er Jonas den  von Micks .

„Toll!", ruft Jonas. Er ist ganz aus dem .

„Willst du auch werden?", fragt

Udo. Als der eifrig nickt, lächelt

der und sagt: „Das wollte ich

auch. Aber leider passe ich in

keinen . Ich bin ja groß wie

ein  und breit wie ein !"

„Und der beste 🧍 der 🌍",

ergänzt Mick. „Ohne Udo hätte ich

noch nie auf dem 🏆 gestanden!"

Plötzlich weiß der kleine 🧍, wie er

nicht nur das ❤ von Jonas, sondern

auch das von Udo erfreuen kann …

Nanu, sitzt da etwa ein kleiner  in einem ? Tatsächlich! Es ist Jonas! Seine  umklammern das , der  heult auf. Schon schießt Jonas in die erste – und strahlt dabei übers ganze .

Tja, hier können sich auch ein

kleiner 🧒 und ein 🧑 als fast

echte 🏎️🏎️ fühlen …!

Die Wörter zu den Bildern:

 Junge

 Rennen

 Schornstein-feger

 Zuschauer

 Baggerführer

 Toilette

 Polizist

 Knie

 Rennfahrer

 Pudding

 Gokart

 Hände

 Pedalen

 Lenkrad

 Motor

 Kopf

 Mann
 Daumen
 Bauch
 Feder
 Hummeln
 Schultern
 Rennwagen
 Blitz
 Baby
 Spitze
 Mutter
 Fersen
 Sonnenbrille
 Kurve
 Augen
 Nase
 Welt
 Reifen

Pokal
 Staubsauger
 Mist
 Frau
 Mechaniker
 Zeitung
 Helm
 Spiegel
 Gesicht
 Haare
 Schraube
 Pickel
 Kamera
 Kekse
 Film
 Tisch
 Leberfleck
 Klingel

	Tür		Führerschein
	Rosen		Fisch
	Foto		Fahrrad
	Uhr		Rückspiegel
	Auto		Häuschen
	Bahnhof		Baum
	Zug		Elefant
	Tomate		Siegertreppchen
	Straßen		Herz

Katja Reider arbeitete nach ihrem Studium mehrere Jahre als Pressesprecherin des Wettbewerbs *Jugend forscht*. Seit der Geburt ihrer beiden Kinder purzeln ihr ständig Geschichten und Reime aus dem Ärmel, die sie nur einzusammeln braucht. So hat sie neben Geschenkbüchern für Erwachsene auch zahlreiche Kinder- und Jugendbücher geschrieben, die in viele Sprachen übersetzt wurden.

Irmgard Paule studierte an der Fachhochschule für Gestaltung in München. Danach arbeitete sie als freischaffende Grafikerin in der Werbung. Seit 1997 illustriert sie Kinderbücher für verschiedene Verlage.

In der Reihe Bildermaus erzählen vier kurze Geschichten von den Abenteuern einer liebenswerten Figur, von einem spannenden Schauplatz oder von wichtigen Festen des Jahres. Im Text werden alle Hauptwörter durch kleine Bilder ersetzt, die schon Kinder ab 5 Jahren beim gemeinsamen (Vor-)Lesen erkennen und benennen können. Mit der Bildermaus wird das Lesenlernen zu einem wirklich spannenden Vergnügen.

Die 1. Stufe
der Loewe Leseleiter